Oscar
Ein Hund findet ein Zuhause
ISBN 978-3-96129-030-7

Edel:Kids Books
Ein Verlag der Edel Germany GmbH
Copyright © Edel Germany GmbH, Neumühlen 17, 22763 Hamburg
www.edel.com
1. Auflage 2018

Projektkoordination und Lektorat: Christiane Rittershausen
Text: Annette Moser
Umschlag- und Innenillustrationen: Jennifer Coulmann
Umschlaggestaltung: init Kommunikationsdesign | www.initonline.com
Layout und Satz: Büro 18, Friedberg/Bayern
Herstellung: Frank Jansen
Druck und Bindung: optimal media GmbH, Röbel/Müritz

Printed in Germany

Annette Moser   Jennifer Coulmann

Oscar

Ein Hund findet ein Zuhause

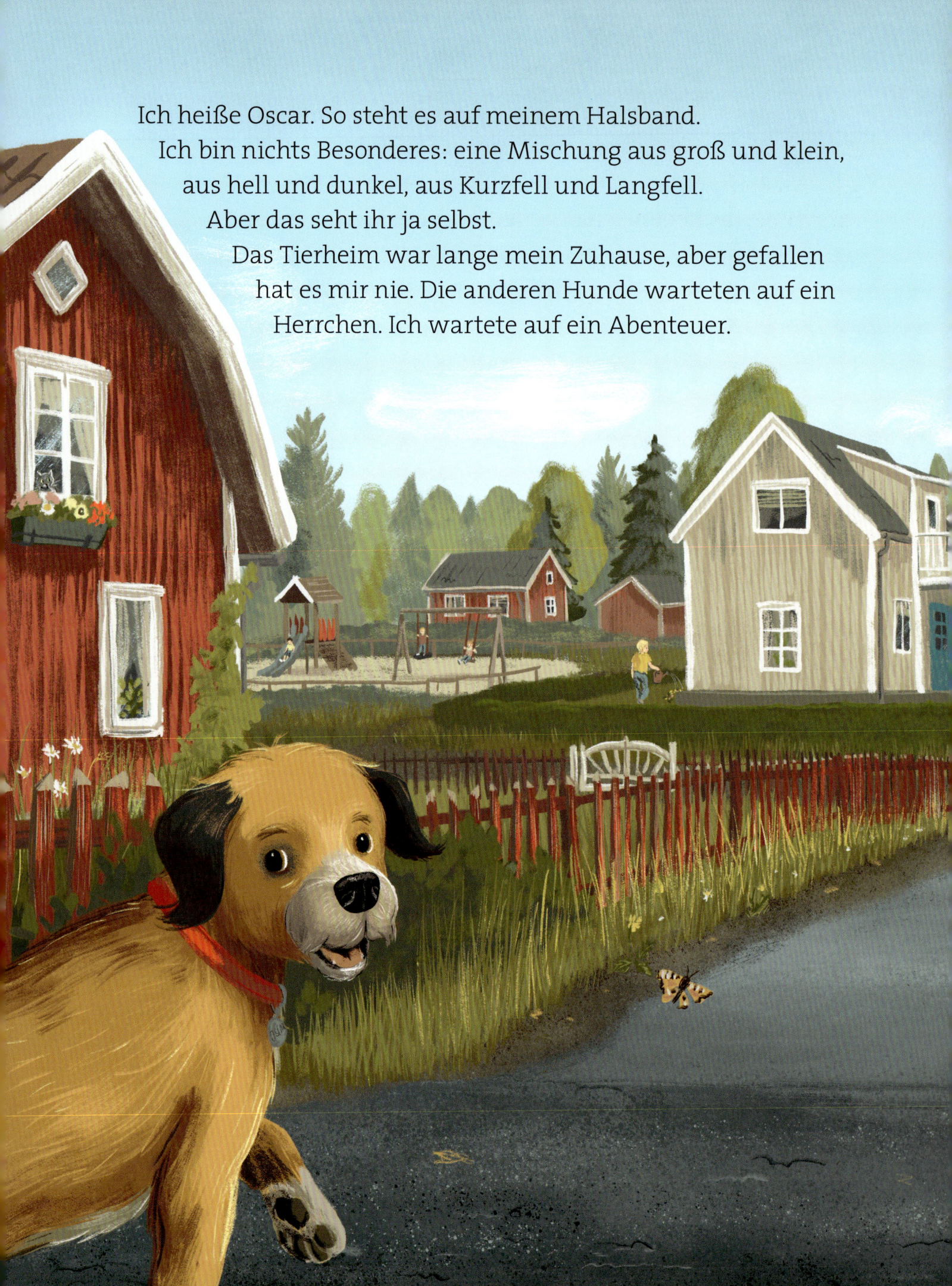

Ich heiße Oscar. So steht es auf meinem Halsband.
Ich bin nichts Besonderes: eine Mischung aus groß und klein,
aus hell und dunkel, aus Kurzfell und Langfell.
Aber das seht ihr ja selbst.
Das Tierheim war lange mein Zuhause, aber gefallen
hat es mir nie. Die anderen Hunde warteten auf ein
Herrchen. Ich wartete auf ein Abenteuer.

Eines Tages stand der Hundezwinger offen und es roch herrlich nach Freiheit. Also rannte ich los. Jetzt ist das hier mein Revier. Zu Fressen finde ich genug, denn die Menschen lassen immer etwas liegen. Ich bin mein eigenes Herrchen, und wenn mir nach einem Abenteuer ist, dann ziehe ich los und finde eins. Sicher versteht ihr, warum ich der glücklichste Hund der Welt bin.

Der alte Schuppen neben dem verlassenen Haus
ist mein Lieblingsplatz. Dort schlafe ich.
Es ist ruhig, warm und gemütlich ...
Aber, halt, was soll der Krach?
Ich erspähe Menschen. Sieht so aus, als wollten sie
das verlassene Haus zu ihrem Revier machen.
Es sind zwei große und ein kleiner.
Die großen Menschen sehen sehr beschäftigt aus.
Aber der kleine ...

Überall streunt er umher. Sein Blick ist wachsam, und mit
seiner Nase schnüffelt er in jede Ecke – auch in meinen Schuppen.
Das geht zu weit. Ich baue mich vor dem Störenfried auf.
»He, Hundchen, was machst du denn hier?«,
fragt der Junge lächelnd.

Hundchen? Unverschämtheit! Ich knurre, aber der Junge
weicht keinen Schritt zurück. Hat er denn keinen Respekt?
»Du siehst hungrig aus. Willst du eine Wurst?«
Wurst? Alles, was ich will, ist meine Ruhe!
Ich nehme reißaus.

Ich lasse mich von diesem frechen Eindringling doch nicht mit einer Wurst um die Pfote wickeln! Mmh, Wurst ... Ausgerechnet heute finde ich keinen einzigen Leckerbissen. Immerzu muss ich an die Wurst denken. Mein Magen knurrt. Ich traue mich erst zurück in den Schuppen, als es dunkel ist und die Menschen schlafen. Sofort steigt mir ein herrlicher Duft in die Nase.
Der Junge hat mir nicht nur eine köstliche Wurst, sondern auch Wasser und eine Decke dagelassen. Oh, ist die weich!
Und so warm und kuschelig! Satt und müde schlafe ich ein.

»Oscar, da bist du ja wieder!«
Ich schrecke hoch. Der Junge kniet neben mir.
»Wem gehörst du denn, hm? Soll ich dich nach Hause bringen?«
Ich knurre so böse ich kann.
»Ist ja gut«, sagt der Junge. »Vielleicht ... ist das hier ja dein
Zuhause?« Aha, langsam versteht er.
»Vielleicht ... willst du auch gar nicht zurück?«
Erstaunlich schlau für einen Menschen. Ich höre auf zu knurren.
»Vielleicht ... suchst du einen Freund, so wie ich?«
Der Junge streckt die Hand nach mir aus.
Okay, das ist zu viel!

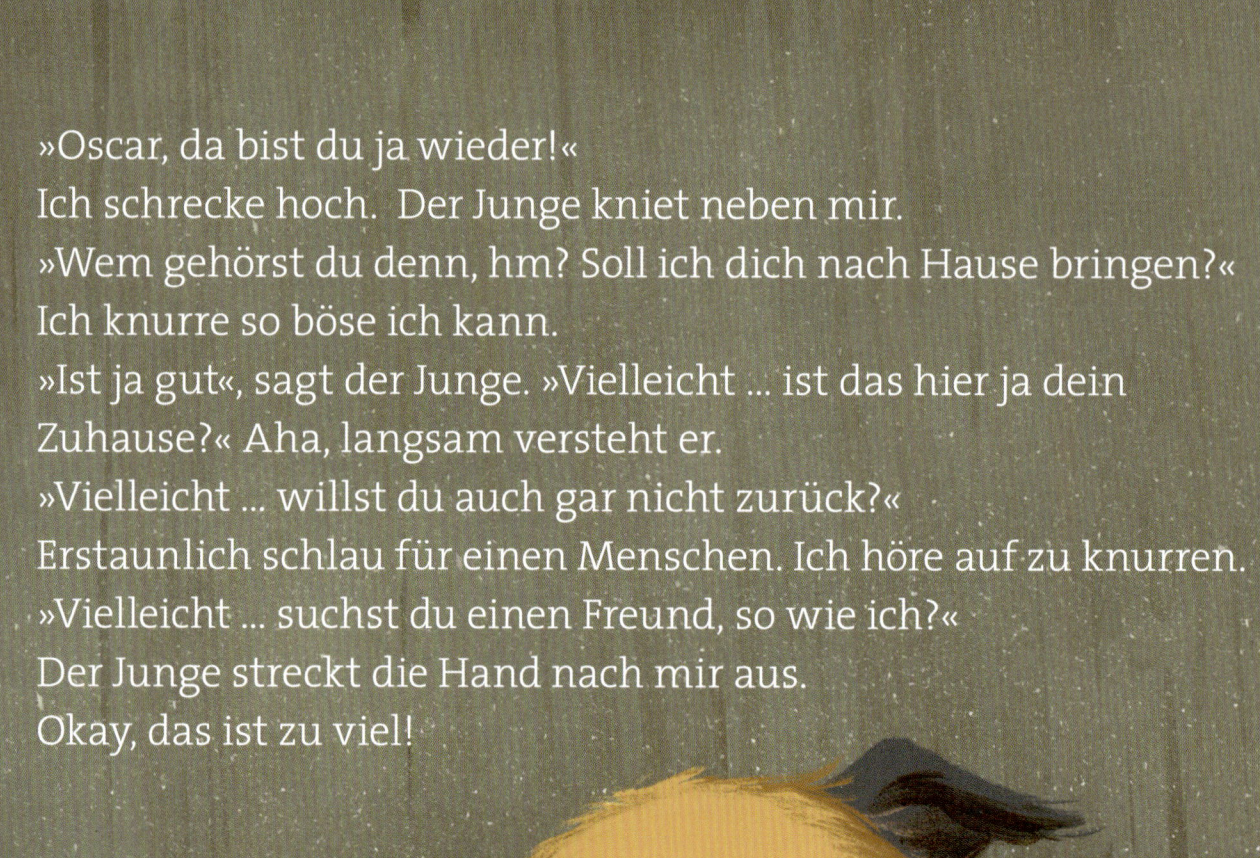

Mein schönes Zuhause ...
Was soll ich bloß tun? Wo soll ich hin?
Dieser Junge bringt mein ganzes Leben
durcheinander!
Ich will keine Kuscheldecke,
keine Wurst und erst recht
keinen Freund.
Ich will meine Freiheit
und jede Menge Abenteuer!

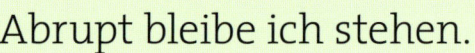

Abrupt bleibe ich stehen.
Da ist er ja schon wieder – mit gesenktem Kopf
trottet der Junge zum Spielplatz.
Schnell verstecke ich mich, bevor er
mich entdecken kann ...
Autsch, ein Dornenbusch!

Der Junge sieht traurig aus. Er ist allein.
Menschen sind nicht gern allein. Sie brauchen immer andere
um sich herum, um glücklich zu sein. Da kommen ja auch schon
welche – es sind Kinder, ein bisschen älter als der Junge.
Aber ... die riechen nach Ärger.
Der Größte und Dickste baut sich vor dem Jungen auf.
»He, du da! Was suchst du hier?«
Mein Herz schlägt schneller. Ich wittere Gefahr.
Die Älteren fangen an, den Jungen zu ärgern.
Erst mit Worten, dann mit Schubsen. Wie gemein!

Laut kläffend schieße ich aus meinem
Versteck. Die älteren Kinder bekommen
Angst und hauen ab.
»Danke, Oscar!«, sagt der Junge.
Wieder streckt er seine Hand
nach mir aus. Ich weiche zurück.
Aber ... autsch! In meiner rechten
Hinterpfote steckt ein Dorn.

»Armer Hund«, sagt der Junge,
»komm, mein Papa kann dir helfen. Und du kriegst
was zu essen. Ich heiße übrigens Jan!«
Mein Magen knurrt. Und wenn ich Hunger habe,
kann ich nicht richtig denken. Also humple ich mit.

Die großen Menschen sind nett. Der Mann hat meine Pfote
verarztet. »Du kannst wieder gehen, wenn du möchtest!«,
sagt er. Das gefällt mir. Also bleibe ich noch.
Diesen Tag ... und den nächsten. Dann beschließe ich,
so lange im Haus der Menschen zu bleiben, bis Jan
Freunde gefunden hat. Das ist doch ein guter Plan!

Es dauert nicht lang, da hat Jan zwei neue Freunde.
Gemeinsam tollen sie im Garten oder auf dem Spielplatz
umher, streifen durch die Wiesen oder bauen sich Lager im Wald.
Es macht Spaß, ihnen zuzuschauen. Aber ich will
meine Freiheit zurück. Also laufe ich los.

Der Schuppen kommt mir ungemütlich vor. Außerdem ist er
zu nah an Jans Haus. Ich streife umher und überlege,
wo ich ab heute schlafen soll. Ich lege mich hierhin und dorthin.
Aber überall ist es unbequem, und ich denke an die Wurst
und die Kuscheldecke in Jans Haus.
Mir fehlt etwas. Etwas, das mir früher nie gefehlt hat.
Ein anderer Hund und sein Herrchen laufen an mir vorbei.
Und plötzlich weiß ich, was mir fehlt …

Ein Freund. Ich will nicht länger allein sein.
Aber Jan hat schon zwei Freunde – braucht er da
überhaupt noch einen dritten?
Meine Pfoten zittern, als ich mich Jans Haus nähere.
Er kauert auf der Treppe vor der Haustür und guckt ganz traurig.
Dann entdeckt er mich.

»Oscar!« Jan fängt an zu strahlen und umarmt mich.
»Ich hab auf dich gewartet!«, flüstert er.
Seine Worte klingen wohlig warm in meinen Schlappohren.
Vorsichtig streckt Jan seine Hand nach mir aus
und ich lege sanft meine Schnauze hinein.

Ich heiße Oscar. So steht es auf meinem Halsband.
Ich bin etwas Besonderes, denn ich bin Jans allerbester Freund.
Ich habe eine Kuscheldecke und jeden Tag bekomme ich
leckere Wurst. Und wenn mir nach einem Abenteuer ist,
dann ziehen Jan und ich los und finden eins.
Sicher versteht ihr, warum ich der glücklichste Hund der Welt bin.